SWNS-J手引き

Subjective Well-being under Neuroleptic
drug treatment Short form, Japanese version

抗精神病薬治療下主観的ウェルビーイング評価尺度短縮版の日本語版

下平（渡辺）美智代　　松村　人志

著

星 和 書 店

Seiwa Shoten Publishers

2-5 Kamitakaido 1-Chome
Suginamiku Tokyo 168-0074, Japan

Subjective Well-being under Neuroleptic drug treatment Short form, Japanese version (SWNS-J)

by

Michiyo Shimodaira (Watanabe)

and

Hitoshi Matsumura

SWNS-J 評価用紙は 100 枚単位でお頒けしております。
ご希望の際は最寄りの書店または直接小社までご注文ください。
1セット(100枚)　本体価格 2,000 円＋税

Copyright © 2001, by D. Naber
Japanese edition Copyright © 2010, by Michiyo Shimodaira (Watanabe) and Hitoshi Matsumura
Published from Seiwa Shoten, Tokyo
著作権・出版権：SWNS-J日本語版の内容を無断で複写・複製・転載・利用しますと，著作権・出版権の侵害となることがありますので，ご注意ください。

SWNS-J 手引き・目次

Ⅰ．はじめに ……………………………………………………………………………… 5

Ⅱ．SWNS-J の評価方法 ………………………………………………………………… 6
 1．手順 ………………………………………………………………………………… 7
 2．教示 ………………………………………………………………………………… 7
 3．評価方法 …………………………………………………………………………… 7
 4．どのような評価に用いることができるか ……………………………………… 8
  1）治療のプロセス評価に ……………………………………………………… 8
  2）臨床試験などにおける治療の効果評価に ………………………………… 8

Ⅲ．信頼性と妥当性 ……………………………………………………………………… 8
 1．調査方法 …………………………………………………………………………… 9
  1）対象 …………………………………………………………………………… 9
  2）尺度 …………………………………………………………………………… 9
   WHO QOL-26
   陽性・陰性症状評価尺度（Positive and Negative Syndrome Scale: PANSS）
   薬原性錐体外路症状評価尺度（Drug Induced Extra-pyramidal Symptoms Scale: DIEPSS）
  3）手続き ………………………………………………………………………… 10
  4）分析方法 ……………………………………………………………………… 10
 2．結果 ………………………………………………………………………………… 11
  1）対象者の特徴 ………………………………………………………………… 11
  2）SWNS-J の結果 ……………………………………………………………… 11
  3）SWNS-J の信頼性 …………………………………………………………… 12
  4）SWNS-J の妥当性 …………………………………………………………… 12
 3．考察 ………………………………………………………………………………… 12

Ⅳ．ま　と　め …………………………………………………………………………… 13
 1．SWNS-J とは ……………………………………………………………………… 13
 2．SWNS-J の評価方法 ……………………………………………………………… 13
 3．どのような評価に用いることができるか ……………………………………… 14
 4．SWNS-J の信頼性と妥当性 ……………………………………………………… 14

Ⅴ．お わ り に …………………………………………………………………………… 14
  引用文献 ………………………………………………………………………… 15

SWNS-J 評価表 ………………………………………………………………………… 17

SWNS-J 手引き

I. はじめに

　主観的ウェルビーイングは，われわれが用いた 'Subjective Well-being' の訳語である。この 'well-being' は，日本語で「良く在ること」，そして「良好な状態」であり，「安寧」「幸福」「福祉」などと訳される。欧米の心理学分野においては，'Subjective Well-being（以下 SWB と略す）' は「幸福（Happiness）」の研究に際して用いられるようになった学術用語である。SWBは，満足感，幸福感，否定的・肯定的感情，不安，緊張，抑うつ，苦悩などの概念と関連している[1]。我が国の心理学領域では，SWB を「主観的幸福感」[2]という訳語で表わすことも多い。

　Naber 博士の開発した Subjective Well-being under Neuroleptic Drug Treatment[3]（SWNと略す）および SWN short form[4]（SWNS と略す）は，抗精神病薬の治療を受けている統合失調症患者など精神病性疾患を有する患者を特異的に対象とする自記式尺度である。観察者が測定する精神症状評価尺度や副作用評価尺度ではとらえにくい，患者自身の認知，情緒，思考，意欲，自発性などに関する体験を測定するために開発された。このため，統合失調症の症状や抗精神病薬による副作用として表れやすい認知と感情の様態が尺度項目に反映されている。

　また，主観的ウェルビーイングは，健康関連 QOL の構成要素でもあることから，SWN および SWNS は QOL 評価尺度の 1 つと考えることもできる。原作者の Naber 博士は，自身の論文のなかで，SWN を QOL 評価尺度の 1 つとして挙げている[5]。健康関連 QOL 評価尺度には，大きく，疾患や機能に特異的な疾患特異的尺度と特異的でない包括的尺度がある[6]。このような分類からいうと，SWN および SWNS は疾患特異的尺度ととらえることができる。

　ところで，Naber 博士は，SWN および SWNS 開発の背景として次の 2 つの事項があることを述べている[3,4]。1 つは，開発当時，治療過程における患者の「主観」に関する実証的な研究が少なかったことである。もう 1 つは服薬に対する非アドヒアレンスの問題である。先行研究からは，非アドヒアレンスの主要な決定因子として，医師と患者の治療関係の質，抗精神病薬による患者の主観的ウェルビーイングへの負の影響が示されている。これに関連することとして，2008 年 10 月 1 日に行われた第 18 回日本臨床精神神経薬理学会と第 38 回日本神経精神薬理学会合同年会の治験教育セミナーにおいて，Naber 博士は，ご自身の体験を引用された。だいたい次のようなエピソードである：担当する患者が服薬を拒否しているとスタッフから連絡があり，その患者のもとにかけつけ説得するが患者は応じない。なおも説得する博士に向かい，患者は「先生がのむなら私ものむ」と言ったのである。Naber 博士はのみこむふりをして薬を口に入れた。後で吐き出したが，その後，薬の影響でひどい気分を味わったという。しかし，この体験により，患者が「思考が遅くなる」「ゾンビになったような気分」といって服薬を嫌がる気持ちがわかったというのである。

　われわれが初めて Naber 博士の研究に接した 2001 年前後は，我が国でも健康科学分野においては主観的 QOL 評価に関心がもたれるようになっていた。しかし，精神科領域では，医療者個々の患者の主観を重視するような取り組みはあったであろうが，主観的評価尺度を治療効果指標に組み入れるという発想は，ほとんどなかったと思われる。しかしながら，当時は非定型抗精神病薬の開発が進み，我が国においても薬物治療の選択肢が増えてきた頃であった。また，我が国の精神科医療が抱えていた多剤大量投与とそれが引き起こした患者の機能低下への問題意識の

表1 SWNS-J

1	私は無力で自分自身をコントロールできないと感じる。
2	自分の身体のことはよくわかっている。
3	楽に考えられる。
4	将来に何の希望もない。
5	自分の身体は,自分にしっくりと調和している。
6	人と知り合いになることに気後れする。
7	私は想像力やアイデアが豊かだ。
8	私は周囲の環境によく慣れており,よく通じている。
9	私は弱々しく疲れ果てている。
10	私の気持ちも感じ方も鈍くなっている。何もかもどうでもよいように思える。
11	思考しにくく,考えがなかなか前に進まない。
12	私の気持ちや行動はその場の状況にそぐわない。ちょっとしたことにも不安になるのに重要なことは心に響いてこない。
13	周囲の人々と楽に付き合える。
14	周囲が普段と違って感じられ,奇妙で,こわい感じがする。
15	自分と他者とをきっぱり区別することは容易である。
16	自分のからだを重荷に感じる。
17	考えがあちこち飛んでしまってまとまらない。すっきりと考えられない。
18	私は自分の周りでおこっていることに関心があり,それらのことを大切に感じている。
19	私の気持ちや行動はその時々の状況にふさわしい。
20	何もかもすべてうまくいくという自信がある。

高まりもあった[7]。精神科病床数削減という国の施策の後押しもあり,入院治療中心から外来治療中心へのシフト,精神科リハビリテーションの充実を目指す方向に向かっている頃でもあり,治療評価の1つとして用いることのできる,SWNSの日本語版を作成することは,我が国の精神科医療にとって有意義であろうと思えた。

2002年,Naber博士の許可をいただき日本語版(抗精神病薬治療下主観的ウェルビーイング評価尺度短縮版の日本語版 Subjective Well-being under Neuroleptic drug treatment Short form, Japanese version, SWNS-J)を作成し尺度の信頼性と妥当性の検証を行ってから2003年に「臨床精神薬理」誌上において発表した[8]。その後,様々な研究グループや個人から尺度使用の問い合わせをいただいており,実際に本尺度が使用され論文として発表された研究もある。

発表から数年が過ぎたが,昨今,患者の主観に焦点を当てた研究数が増しているのをみると,今後もSWNS-Jが臨床研究において使用されていくだろうことが予想される。このため,今回,2003年に発表した論文にいくつかの情報を加えてSWNS-Jの手引書としてまとめた。本尺度を利用する際の参考にしていただければ幸いである。

II. SWNS-Jの評価方法

Naberによって開発されたSWN 38項目版[3]から,20項目SWNS[4]が作成された。その短縮版の英語版を日本語に翻訳し,翻訳家による日本語から英語への逆翻訳を原作者にチェックしてもらい,修正すべきところを修正して,完成したのが,SWNS-Jである(表1)。SWNS-Jは

患者本人が項目を1つずつ読みながら自分で自分の状態を評価して回答する自記式尺度である。

1. 手　順

1) 被験者（患者）に，テスト用紙（巻末に掲載）の「今日の年月日」「お名前」「生年月日」「年齢」「性別」を記入してもらう。
2) テスト用紙の教示を自分で読んでもらうか，調査者が言葉で教示する。
3) SWNS-Jを実施してもらう。
4) 途中質問がある場合は，回答に影響を与えない範囲で答える。たとえば，「漢字が読めない」ということであれば，読み方を教えるのは問題ない。項目の「意味がわからない」という場合もあるかもしれない。たとえば項目6の「気後れ」という言葉の意味がわからないということであれば，辞書にある説明として，「心がひるんでしまう」とか「そういう勇気がもてない」という意味だと教えるのは問題ない。しかし，複数「意味がわからない」項目がある場合，テスト適応ではないと判断したほうがよいかもしれない。また，項目のなかには2つの文が入っているものがある。その際，「最初の文は当てはまっているが後の文は当てはまっていない場合，どちらを主体につけるべきか」といった質問が出ることがある。このときには，2つの文は関連して同じ項目に入っており，2つの文で1セットなので，もう一度読み，回答を選ぶように促す。
5) テストが終了したら，名前などを確認し回収する。
6) テスト用紙の「職員記入欄」は調査者が記入する欄のことであるが，必ずしも職員とは限らない。被験者にとって違和感のない表現として用いている。
7) テスト用紙の巻頭の「No」は調査のシリアルナンバーを付す欄なので，各調査に合わせて必要時，調査者が記入する。
8) 評価方法に沿って集計する。

2. 教　示

テスト用紙には，次のように教示が記載されている。

『以下の項目について，右上の「まったく違う」「あまりそう感じない」「どちらともいえない」「少しそう感じる」「だいたいそう感じる」「とてもそう感じる」という答えの中から，最近1週間のあなたの状態にもっとも近いと思われる答えの下欄のアルファベット（ａｂｃｄｅｆ）に○をつけてください。これらには正しい答えも，間違った答えもありません。あなた自身が感じている通りにお答えください』

もし，口頭で説明する場合は，以下のように教示するとよい。

『これは，あなたの最近1週間の状態についてご自身がどう感じているかをご自身で評価していただくものです。1から20番までの項目を上から順に読んでそれぞれの項目について，右上の回答からもっともあなたの状態に近いと思われる答えと同じ列のアルファベットに丸をつけてください。これらには正しい答えも，間違った答えもありません。あなた自身が感じている通りにお答えください』

3. 評価方法

回答は，「まったく違う」「あまりそう感じない」「どちらともいえない」「少しそう感じる」「だいたいそう感じる」「とてもそう感じる」の6段階で評定する。スコアのつけ方としては，全20項目のうち，「とてもそう感じる」と回答したときに点数が高くなる正項目と点数が低くなる逆転項目とが10項目ずつある（表2）。このため，集計のときには，逆転項目については，「ま

表2 スコアのつけ方

	まったく違う	あまりそう感じない	どちらともいえない	少しそう感じる	だいたいそう感じる	とてもそう感じる
正項目	1	2	3	4	5	6
逆転項目	6	5	4	3	2	1

＊テスト用紙では，a＝1点，b＝2点，c＝3点，d＝4点，e＝5点，f＝6点に換算する

ったく違う」を6点，「あまりそう感じない」を5点，「どちらともいえない」を4点，「少しそう感じる」を3点，「だいたいそう感じる」を2点，「とてもそう感じる」を1点として計算する。これにより，20項目の尺度全体の合計得点が高いほど，主観的ウェルビーイングが良好であることを示し，最低20点，最高120点となる。テスト用紙には，最右列の「Score ＊職員記入欄」に各項目の評価点を記入する欄を設けた。アルファベットのaを1点，bを2点，cを3点，dを4点，eを5点，fを6点に換算したスコアを記入する。「Total Score」の欄には20項目の合計点を記入する。

また，20項目は各4項目ずつからなる5つの下位尺度に区分されている（表3）。各下位尺度は，最低4点，最高24点である。これらは，テスト用紙裏面の「MF」「SC」「ER」「PF」「SI」の欄にそれぞれ記入することができる。各下位尺度の項目は表3の通りであるが，テスト用紙の「Score ＊職員記入欄」にも評価者にわかりやすいように表示している。

4．どのような評価に用いることができるか

SWNS-Jは抗精神病薬を服薬している統合失調症患者およびその他の精神病性の疾患を有する患者に適用できる。

1）治療のプロセス評価に

薬物治療を始めて，経過をみるプロセスにおいて，SWNS-Jで患者の状態を評価することができる。SWNS-Jが低値であるということは，現在適用している薬物治療が患者に合っていない，あるいはもっと他の治療に替える余地があるのかもしれないと考慮する指標になり得る。少なくとも，患者の認知・感情面に医療者が関心をもち，なんらかの配慮が伝わるような態度を示すことができれば，患者の医療者への信頼は増し，薬物治療アドヒアレンスにも肯定的な影響を与える可能性がある。Naber[3]やKarowら[9]の研究によると，SWNSと治療アドヒアレンスとは強く相関することが示されている。治療の非アドヒアレンスは，統合失調症の再発の予測因子である[10]ため，SWNSが一定以上の高さに保たれるような薬物治療が患者に提供されていれば，治療中断や中断による再発・再入院を予防できる可能性がある。

2）臨床試験などにおける治療の効果評価に

抗精神病薬の治療効果として期待されることは，精神症状の改善だけではない。最終的には患者の社会機能の改善であるが，こちらは，1年以上の長期予後をフォローしていかなければ判断できない。QOL評価尺度は広義では社会機能を測定する評価尺度の1つと考えられるが，QOL尺度と高い相関を示し[8]，社会機能の変化よりも短期間で変化が見られる指標として，認知・感情の変化を捉えることのできるSWNS-Jは，治療効果を評価するものとして用いやすく，かつ意義のある指標と考えられる。

Ⅲ．信頼性と妥当性

信頼性と妥当性の検証については，「臨床精神薬理」誌上[8]に掲載したとおりであるが，当時

表3 SWNS-J 下位尺度

下位尺度		項目	スコア
精神機能 MF (Mental Functioning)	3	楽に考えられる。	正
	7	私は想像力やアイデアが豊かだ。	正
	11	思考しにくく，考えがなかなか前に進まない。	逆
	17	考えがあちこち飛んでしまってまとまらない。すっきりと考えられない。	逆
セルフコントロール SC (Self-Control)	15	自分と他者とをきっぱり区別することは容易である。	正
	19	私の気持ちや行動はその時々の状況にふさわしい。	正
	1	私は無力で自分自身をコントロールできないと感じる。	逆
	12	私の気持ちや行動はその場の状況にそぐわない。ちょっとしたことにも不安になるのに重要なことは心に響いてこない。	逆
感情調節 ER (Emotional Regulation)	18	私は自分の周りでおこっていることに関心があり，それらのことを大切に感じている。	正
	20	何もかもすべてうまくいくという自信がある。	正
	4	将来に何の希望もない。	逆
	10	私の気持ちも感じ方も鈍くなっている。何もかもどうでもよいように思える。	逆
身体機能 PF (Physical Functioning)	2	自分の身体のことはよくわかっている。	正
	5	自分の身体は，自分にしっくりと調和している。	正
	9	私は弱々しく疲れ果てている。	逆
	16	自分のからだを重荷に感じる。	逆
社会的統合 SI (Social Integration)	8	私は周囲の環境によく慣れており，よく通じている。	正
	13	周囲の人々と楽に付き合える。	正
	6	人と知り合いになることに気後れする。	逆
	14	周囲が普段と違って感じられ，奇妙で，こわい感じがする。	逆

分析していなかった下位尺度の信頼性についてもここでは記述する。

1．調査方法

1) 対象

対象は，抗精神病薬を用いて治療されていた統合失調症患者（ICD-10）である。関東某県の郊外にある精神科単科の病院に，2002年6月1日現在入院していた統合失調症患者133名と，2002年11月上旬の特定曜日の常勤医師が担当していた同じく統合失調症の外来患者78名である。入院患者対象者のうち，文書で承諾が取れ，調査を終了したのは89名であった（回答率67％）。外来患者対象者では39名であった（回答率50％）。

アルコールまたは物質依存，精神遅滞，症状性あるいは器質性精神障害を合併している患者はあらかじめ対象から除外した。

対象者の人口統計学的，臨床的特徴を表4に示した。

2) 尺度

SWNS-Jの並存的妥当性を検証するために以下の尺度を並行して用い、検討した。

　WHO QOL-26[11]

　　対象者の最近2週間の生活の質を，WHO QOL-26によって評価した。この尺度は，特殊な

場面や個別的な場面を超えて，異なる国々や異なる文化に属する人々に対して共通して評価できる普遍性を備えたQOL評価尺度としてWHOによって開発された。身体的領域（7項目），心理的領域（6項目），社会的関係（3項目），環境（8項目）といった4つの領域についての質問項目からなり，5段階で評価される。尺度の総得点が高いほどQOLが高いことを示す。この尺度は信頼性と妥当性が確かめられている。

<u>陽性・陰性症状評価尺度（Positive and Negative Syndrome Scale：PANSS[12])</u>

対象者の不安，緊張，抑うつを，PANSSの下位尺度「総合精神病理評価」の3つの項目，「不安」「緊張」「抑うつ」によって評価した。この尺度は7段階で評価され，各段階には詳細なアンカーポイントが付されている。得点が高いほど不安，緊張，抑うつの強いことを示す。PANSSは，抗精神病薬の臨床試験などで，薬物治療効果評価にもっともよく用いられている客観的評価尺度である。

<u>薬原性錐体外路症状評価尺度（Drug Induced Extra-Pyramidal Symptoms Scale：DIEPSS[13])</u>

対象者の錐体外路症状をDIEPSSによって評価した。この尺度は歩行障害，動作緩慢，流涎，筋強剛，振戦，アカシジア，ジストニア，ジスキネジアの個別症状8項目と概括重症度1項目の合計9項目で構成されており，各項目は0点から4点までの5段階に区分され，点数が高いほど重症度が高いことを示す。各段階には詳細なアンカーポイントが付されている。この尺度は信頼性と妥当性が確かめられている。

3）手続き

対象者には個人面接のなかで文書と口頭による調査の説明がなされ，文書による承諾を得た。面接は半構造化面接で行った。自記式調査票への記入はこの面接の中で施行した。対象者からのリクエストがある場合は，調査者が項目を読み上げて対象者の回答を調査者が記入した。対象者が調査者に質問票の読み上げを依頼した理由は，「字を読むのが疲れる」「読んでくれるなら，回答しても良いが，自分でやるのは面倒」といったものであった。すべての面接を同一の調査者が行った。1人あたりの面接所要時間は約30分であり，SWNS-Jへの回答時間は，約10分であった。

客観的評価尺度であるPANSSとDIEPSSは，SWNS-Jの結果を知らされることなく，独立に担当医師6名によって評価された。

4）分析方法

SWNS-Jの信頼性は，尺度の内的一貫性の指標であるCronbachのα係数によって検討した。下位尺度においても同様にCronbachのα係数を算出した。また，再テスト信頼性の検討のために，本調査対象者のうち2003年3月1日現在，開放病棟に入院中で同意の得られた患者21人から，2週間の間隔をあけて2回，SWNS-Jの回答を得，1回目と2回目の尺度総得点の相関係数（Pearsonの積率相関係数）を算出した。開放病棟の患者に限定した理由は，SWNS-Jの総得点は開放および閉鎖病棟の対象患者間では有意差がみられなかったこと，開放病棟の患者から2回のテスト回答への同意が得られやすかったことによる。

並存的妥当性の検討には，外的基準として，WHO QOL-26，PANSS下位尺度『総合精神病理評価尺度』の下位項目である「不安」「緊張」「抑うつ」の各得点とSWNS-J総得点との間のPearsonの積率相関係数を算出した。

外来患者と入院患者の人口統計学的および臨床的特徴の比較は，独立要因のt検定を用いた。また，婚姻状況や生活形態などの別や入院病棟の別によるSWNS-J結果の比較は，一元配置分散分析を用いた。すべての統計処理は，SPSS version 11.01を使用して行った。

表4　対象者の人口動態的・臨床的特徴

	平均値	標準偏差	範囲
年齢	49.6	11.7	26-77
教育年数	11.9	2.2	6-18
発症年齢	26.7	7.6	7-45
罹患期間（年）	21.9	11.6	1-47
延べ入院回数	3.4	2.4	0-12
入院期間（年）［入院患者のみ］	5.6	7.0	0.08-31.0
抗精神病薬量（mg/day）*	1,230.2	1,019.6	38-4803
薬物種類数	2.8	1.3	1-7

		人数	%
性別	男性	59	53.9
	女性	69	53.9
治療形態	外来	39	30.5
	入院	89	69.5
婚姻状況	既婚	24	18.8
	未婚	90	70.3
	離婚	13	10.2
	死別	1	0.8
雇用状況	有職	8	6.3
	無職	120	93.8
生活保護受給	有り	35	27.3
	無し	92	71.9
年金受給	有り	22	17.2
	無し	106	82.8

＊ 抗精神病薬量：TRS-RG版、一部APA版によるCPZ換算

2．結　果

1）対象者の特徴

表4の通り，本調査対象者は，男性59人，女性69人で平均年齢49.6歳であった。また，平均罹患期間は21.9年（SD＝11.6）と長く，本調査の対象者は病歴の長い慢性期の統合失調症患者がほとんどであった。入院患者対象者と外来患者対象者で人口統計学的特徴に有意差はなかった。臨床的特徴では，1日の抗精神病薬処方量（TRS-RG版および一部非定形抗精神病薬はAPA版によるchlorpromazine等価量換算[14]）は，入院患者で平均1344.3 mg（SD＝988.1）と，外来患者の平均919.3 mg（SD＝1,012.3）よりも有意に高かった（$t=-2.19$，$p=0.031$）。抗精神病薬処方量とPANSSによる症状評価との相関は，陽性症状評価尺度では有意傾向のある弱い相関（$r=0.16$，$p=0.07$）が示されたが，抗精神病薬物量と陰性症状評価尺度あるいは総合精神病理評価尺度との相関は有意ではなかった。

2）SWNS-Jの結果

SWNS-Jの総得点の平均は，対象者全体では78.4（SD＝17.3），入院患者対象者では76.5（SD＝15.1），外来患者対象者では82.3（SD＝21.3）と，外来患者対象者のほうが入院患者対象者よりも高かったが，統計学的な有意差はみられなかった。また，SWNS-Jは，対象者の性別，既婚・未婚の別，入院患者における閉鎖病棟か開放病棟かの違いによる有意差はみられなかった。年齢，抗精神病薬処方量などの人口統計学的，臨床的特徴とSWNS-J総得点との間には，いずれも有意な相関は示されなかった。

表5　各下位尺度のα係数

下位尺度名	Cronbach's α
精神機能	0.52
セルフコントロール	0.57
感情調節	0.59
身体機能	0.61
社会的統合	0.62

表6　SWNS-Jとの相関係数

尺度	Pearson's r	有意水準
WHO QOL-26	0.78	$p<0.001$
PANSS［総合精神病理評価尺度］下位項目		
不安	-0.22	$p<0.01$
緊張	-0.26	$p<0.01$
抑うつ	-0.34	$p<0.001$
DIEPSS	-0.27	$p<0.01$

一方，SWNS-J総得点と，DIEPSS総得点との間には，係数は低いものの有意な負の相関が示された（r=-0.27, $p<0.01$）。

3）SWNS-Jの信頼性

SWNS-Jにおけるα係数は0.87であった。SWNS-J各下位尺度のα係数は，表5の通りであり，尺度全体のα係数に比して低かった。

再テスト信頼性の検討のためにSWNS-Jを遂行したのは開放病棟の患者21人（女性9人，男性12人）で，平均年齢は49.8歳（SD=12.0）であった。これらの対象者とそれ以外の入院患者対象者との間に，年齢などの人口動態的特徴や抗精神病薬処方量などの臨床的背景において，統計学的な有意差はみられなかった。1回目と2回目のSWNS-J総得点の相関係数は0.87（$p<0.001$）であった。

4）SWNS-Jの妥当性

SWNS-Jとの並存的妥当性検討のために，WHO QOL-26の総得点，PANSS『総合精神病理評価尺度』の下位項目「不安」「緊張」「抑うつ」の各得点との相関係数を算出した。表6に示したように，SWNS-JはWHO QOL-26，「不安」「緊張」「抑うつ」それぞれとの間に有意な相関がみられた。WHO QOL-26との相関係数は特に高かった。

3．考　察

本研究の対象者は，精神科単科の一病院の統合失調症患者であったが，その平均年齢と平均罹患期間は，不破野ら[15]によって報告されている，我が国でのより大きなサンプルで調査された統合失調症患者のそれらとおおむね一致していた。また，抗精神病薬については，多剤併用と大量投与の傾向は先行研究[7]による我が国の現状と一致していた。したがって，本研究の対象者の特徴は，我が国の統合失調症患者一般の特徴におおむね合致していたと考えられる。

また，表4の罹患期間をみてもわかるように，結果として参加者は1年以上の患者であり，慢性期の比較的症状の落ち着いた患者で構成されていた。これは，初発で急性期の患者はインフォームドコンセントの時点で，調査参加に拒否を表明していたか，そのときに承諾が得られても，最後まで調査できなかったことによる。ただ，調査全体にかかった時間が平均30分であったので，SWNS-Jの10分間だけなら回答できた可能性はあったかもしれない。

SWNS-JにおけるCronbachのα係数は0.87で，十分な内的一貫性が示された。また2回のテストの相関係数も0.87と高く，再テスト信頼性が確かめられた。

一方，各下位尺度のα係数は比較的低く，特に精神機能はα=0.52と尺度の内的一貫性としてはぎりぎりの値であった。通常心理測定的尺度のα係数は，0.7もしくは0.8以上あれば内的整合性が高いとされる。逆に0.5を切るようであれば，一尺度として用いるには再検討せざるを得ないと判断する。Naberら[4]のオリジナル尺度の下位尺度のα係数は，SWN（n=212）ではすべてα=0.7以上を確保しているが，短縮版のSWNS（n=212）ではセルフコントロール

のα=0.63と他の下位尺度が0.7以上であることを考えるとやや低い値が示されている。オランダで行われた研究[16]では，SWN（n=91）はセルフコントロールのα=0.67以外はすべて0.7以上か0.8以上であるが，SWNS（n=91）ではオリジナル同様，係数が低い下位尺度があり，精神機能（α=0.68），セルフコントロール（α=0.56），感情調節（α=0.68）が0.7未満となっている。SWNSではSWNに比べて若干下位尺度の内的整合性が落ちるようである。

以上のことから，SWNS-Jは尺度全体としての信頼性は確認された。一方，SWNS-Jの下位尺度の内的一貫性については，十分とは言いきれないが，最低限の整合性はあると考える。このため，臨床研究などで下位尺度ごとに分析することには慎重を要するかもしれない。SWNS-Jの下位変数と他の変数との関連を分析する前にα係数を算出してみることが奨められる。

次に妥当性についてであるが，SWNS-JとWHO QOL-26との間では，相関係数0.78と高い正の相関が示された。このQOL尺度は，身体的領域，心理的領域，社会的関係，環境と4つの領域からなり，それぞれの領域で満足感や調子の好さが感じられていることについての質問項目が含まれている。また，心理領域のなかでは，肯定的感情，否定的感情に関する質問も含まれていることから，この主観的QOL尺度は主観的ウェルビーイングを含んだ尺度と解釈でき，その尺度との高い相関はSWNS-Jの妥当性を裏付けるものと思われる。Naberの研究[3]では，SWNとQOLの尺度であるEDLQ[17]との高い相関を示していた。また，SWNは自記式抑うつ尺度や気分尺度との相関も有意であったと報告されている。

他方，SWNS-Jは，客観的尺度であるPANSS『総合精神病理評価尺度』の下位項目である「不安」「緊張」「抑うつ」との間では，有意な負の相関がそれぞれ示されたが，相関係数はそれほど高くはなかった。このことは，患者の主観と担当医師の評価との間に，いくぶんかの乖離が生じ得ることを示唆しているものと思われる。

主観的ウェルビーイングは広い概念を含んでいるため，今後は，SWNS-Jについても，本研究で用いた外的基準のみではなく，たとえば，自記式の抑うつ尺度や不安尺度との相関が検討されることが望ましい。しかしながら，少なくとも本研究の結果から，SWNS-Jは尺度全体として一定の妥当性があると評価されよう。

本研究では，SWNS-Jと薬物処方量との有意な相関は示されず，薬物処方量の多さそのものは主観的ウェルビーイングに直接関係しないことが示唆された。他方，SWNS-Jと錐体外路症状との有意な相関が示されたことから，副作用が主観的ウェルビーイングに影響を与える可能性が考えられる。

IV. まとめ

1. SWNS-Jとは

Naber博士の開発したSubjective well-being under Neuroleptic Drug Treatment short form (SWNS)の日本語版である。SWNS-Jは，オリジナル同様に，抗精神病薬治療を受けている統合失調症患者など精神病性疾患を有する患者を特異的に対象とする自記式尺度であり，客観的尺度ではとらえにくい，患者自身の認知，情緒，思考，意欲，自発性などに関する体験を測定することを目的としている。

2. SWNS-Jの評価方法

評価項目は全部で20項目あり，患者が自分で項目を読み回答を選ぶ。各項目の回答は，「まったく違う」（1点），「あまりそう感じない」（2点），「どちらともいえない」（3点），「少しそう感じる」（4点），「だいたいそう感じる」（5点），「とてもそう感じる」（6点）の6段階で評定

する。全20項目のうち，「とてもそう感じる」と回答したときに点数が高くなる正項目と，点数が低くなる逆転項目が10項目ずつある。このため後者の配点は逆転し，20項目の尺度全体の合計得点が高いほど，主観的ウェルビーイングが良好であることを示し，最低20点，最高120点となる。

3．どのような評価に用いることができるか

治療のプロセス評価や臨床試験などにおける治療の効果評価に用いることができる。

4．SWNS-Jの信頼性と妥当性

尺度の内的一貫性，再テスト信頼性ともに確かめられた。妥当性については，WHO QOL-26との有意な正の相関，PANSS「総合精神病理評価尺度」の3つの下位尺度，「不安」「緊張」「抑うつ」とは有意な負の相関が示されたことから，一定の妥当性が確認された。

V．おわりに

抗精神病薬が患者の生活全般に及ぼす影響は，治療者の予想をはるかに超えて大きいものがある。かつて，何本ものタバコを両手の指の間に挟んで一気に吸い，誤嚥の危険性をいくら注意しても一向に気に止めることなく流し込むように早食いをし，いらいらすれば他人のものを盗って回り，あるいは大事にしまい込まれている他人のおやつを盗って食べ，頻繁にけんかを売り，いわばお尋ね者のような入院患者がいた。看護スタッフを困らせ，これらの問題行動から，隔離室に頻繁に入室させられていた。診断は統合失調症であった。身体の中をゴムチューブが走ると訴えていた。問題行動が多いので，投与される抗精神病薬の量はしだいに増加していた。たまたま筆者（松村）がその患者を受け持つことになり，話してみたところ，意外に話が通じることに気づき，問題行動とのギャップに不自然さを感じたので，薬物の副作用としてのアカシジアが絡んだ行動変容ではないかと疑い，むしろ薬物を減量してみたところ，タバコは普通にゆっくり一本ずつ吸い，食事の速度はむしろ遅いぐらいになり，人のものを盗ることもなくなり，身体のゴムチューブも消失してしまった。その患者は，現在は退院して，患者や家族の会で講演をする程になっている。

薬物療法は統合失調症の治療にとって，非常に有力な道具となった。近年は，この道具も進化して，随分と使いやすいものとなってきている。しかし，この道具を使用するにあたっては，常に副作用との戦いという側面を持っている。ところが，薬物の副作用は，いつも教科書通りに表れるとは限らない。なぜなら，副作用の表現形は患者側の条件や特徴によって，常に修飾されるからである。さらに言えば，効果と副作用との間に一線を画すことができないと思われる場合すらある。

このような事情から，より良い薬物療法を行おうとすれば，常に作用（効果）と副作用とを監視し続ける他はない。そして，薬物が患者に及ぼす影響やその変化を，より早く見極めるためには，患者の主観から得られる情報は役に立つことが多い。患者にとって，適切に表現することは難しいとは言え，患者は，薬物が自分の中で，どのように作用しているのかを感じている。したがって患者と治療者が共同して治療を全うさせていくにあたり，主観的ウェルビーイングはまことに当を得た観点である。本尺度を開発されたNaber教授に敬意を表したい。

このNaber教授によって開発された評価尺度が，今後，日本においても，有効に活用されていくことを，われわれ日本語版作成者は願っている。

引用文献

1) Andrews, F.M., Robinson, J.P.：Measures of subjective well-being. In：Measures of Personality and Social Psychological Attitudes Vol.1（ed. by Robinson, J.P., Shaver, P.R., Wrightsman, L. S.）, pp.61-114, Academic Press, San Diego, 1990.

2) 東正訓：幸福感と人間関係を心理学しよう．In：ワークショップ人間関係の心理学（藤本忠明，東正訓　編），pp.201-2017，ナカニシヤ出版，京都，2004．

3) Naber, D.：A self-rating to measure subjective effects of neuroleptic drugs, relationships to objective psychopathology, quality of life, compliance and other clinical variables. Int. Clin. Psychopharmacol., 10（suppl.3）：133-138, 1995.

4) Naber, D., Moritz, S., Lambert, M. et al.：Improvement of schizophrenic patients' subjective well-being under atypical antipsychotic drugs. Schizophr. Res., 50：79-88, 2001.

5) Karow, A., Naber, D.：Subjective well-being and quality of life under atypical antipsychotic treatment. Psychopharmacology, 162：3-10, 2002.

6) 松田智大：QOL測定の方法論と尺度の開発．J. Natl. Inst. Public Health, 53：183, 2004.

7) 稲垣中，藤井康男，稲田俊也他：慢性分裂病患者における至適薬物療法に関する研究．厚生労働省精神・神経疾患研究委託費―精神分裂病の実態，治療・リハビリテーションに関する研究統括研究報告書，69-76, 2001.

8) 渡辺美智代，松村人志：抗精神病薬治療下主観的ウェルビーイング評価尺度短縮版の日本語版作成とその信頼性と妥当性の検討．臨床精神薬理，6：905-912, 2003．

9) Karow, A., Czekalla, J., Dittmann, R.W., et al.：Association of subjective well-bing, symptoms, and side effects with compliance after 12 months of treatment in schizophrenia. J. Clin. Psychiatry, 68：75-80, 2007.

10) Fenton, W. S., Blyler, C. R., Heinssen, R. K.：Determinants of medication compliance in schizophrenia: empirical and clinical findings. Schizophr. Bull., 23（4）：637-651, 1997.

11) 田崎美弥子，中根充文：WHO QOL-26手引き．金子書房，東京，1997．

12) Kay, S.R., Opler, L.A., Fiszbein, A.：Positive and Negative Syndrome Scale（PANSS）Rating Manual. Multi-Heatlh System Inc, Tronto, 1991.

13) 稲田俊也（八木剛平監修）：薬原性錐体外路症状の評価と診断―DIEPSSの解説と利用の手引．星和書店，東京，1999．

14) 稲垣中，稲田俊也，藤井康男他：向精神薬の等価換算．星和書店，東京，1999．

15) 不破野誠一，吉住昭，大島巌他：Japan Extensive Study of Schizophrenia（JESS）―現在までのJESSのまとめとJESS 2000の第一次集計について．厚生労働省精神・神経疾患委託費―精神分裂病の実態，治療・リハビリテーションに関する研究　総括研究報告書，25-31, 2001．

16) de Haan, L., Weisfelt, M., Dingemans, P. M., et al.：Psychometric properties of the Subjective Well-being Under Neurolepics scale and the Subjective Deficit Syndrome Scale. Psychopharmacology, 162：24-28, 2002.

17) Bullinger, M., Kirchberger, I., von Steinbuchel, N.：Der Fragebogen Alltagsleben：ein Verfahren zur Erfassung der gesundheitsbezogenen Lebensqualitat. Zeitschrift fur Mediziniche Psychologie, 3：121-132, 1993.

SWNS-J 評価表

No	＊職員記入欄	今日の年月日　　年　　月　　日
お名前	生年月日　　年　月　日	年齢　　歳	性別　　男　・　女

以下の項目について，右上の「まったく違う」「あまりそう感じない」「どちらともいえない」「少しそう感じる」「だいたいそう感じる」「とてもそう感じる」という答えの中から，最近1週間のあなたの状態にもっとも近いと思われる答えの下欄のアルファベット（a b c d e f）に○をつけてください。

これらには正しい答えも，間違った答えもありません。あなた自身が感じている通りにお答えください。

		まったく違う	あまりそう感じない	どちらともいえない	少しそう感じる	だいたいそう感じる	とてもそう感じる	Score ＊職員記入欄
1	私は無力で自分自身をコントロールできないと感じる。	f	e	d	c	b	a	SC
2	自分の身体のことはよくわかっている。	a	b	c	d	e	f	PF
3	楽に考えられる。	a	b	c	d	e	f	MF
4	将来に何の希望もない。	f	e	d	c	b	a	ER
5	自分の身体は，自分にしっくりと調和しているように感じる。	a	b	c	d	e	f	PF
6	人と知り合いになることに気後れする。	f	e	d	c	b	a	SI
7	私は想像力やアイデアが豊かだ。	a	b	c	d	e	f	MF
8	私は周囲の環境によく慣れており，よく通じている。	a	b	c	d	e	f	SI
9	私は弱々しく疲れ果てている。	f	e	d	c	b	a	PF
10	私の気持ちも感じ方も鈍くなっている。何もかもどうでもよいように思える。	f	e	d	c	b	a	ER
11	思考しにくく，考えがなかなか前に進まない。	f	e	d	c	b	a	MF
12	私の気持ちや行動はその場の状況にそぐわない。ちょっとしたことにも不安になるのに重要なことは心に響いてこない。	f	e	d	c	b	a	SC
13	周囲の人々と楽に付き合える。	a	b	c	d	e	f	SI
14	周囲が普段と違って感じられ，奇妙で，こわい感じがする。	f	e	d	c	b	a	SI
15	自分と他者とをきっぱり区別することは容易である。	a	b	c	d	e	f	SC
16	自分のからだを重荷に感じる。	f	e	d	c	b	a	PF
17	考えがあちこち飛んでしまってまとまらない。すっきりと考えられない。	f	e	d	c	b	a	MF
18	私は自分の周りでおこっていることに関心があり，それらのことを大切に感じている。	a	b	c	d	e	f	ER
19	私の気持ちや行動はその時々の状況にふさわしい。	a	b	c	d	e	f	SC
20	何もかもすべてうまくいくという自信がある。	a	b	c	d	e	f	ER

＊職員記入欄

Total Score	MF	SC	備考
ER	PF	SI	

著者略歴

下平（渡辺）美智代
- 2000年　日本女子大学　人間社会学部　心理学科　卒業
- 2003年　東京大学大学院医学系研究科　精神保健学分野　修士課程修了
- 2007年　東京大学大学院医学系研究科　精神保健学分野　博士課程　単位取得済退学
- 2008年　東京大学大学院医学系研究科　精神保健学分野　客員研究員
- 現在　　医療法人社団平心会　さぎぬま公園クリニック　心理カウンセラー

松村　人志
- 1981年　大阪医科大学卒業
- 1983年　大阪医科大学助手（神経精神医学教室）
- 1989年　医学博士
- 1989年　大阪バイオサイエンス研究所研究員
- 1989年　ベルツ賞（1等賞）受賞
- 1991年　大阪バイオサイエンス研究所研究副部長
- 1997年　大阪医科大学講師（神経精神医学担当）
- 2004年　東亜大学教授
- 2006年　東亜大学大学院臨床心理学専攻主任
- 2009年　東亜大学医療学部長

SWNS-J 手引き

2010年2月24日　初版第1刷発行
2020年1月6日　初版第2刷発行

著　者　下平（渡辺）美智代　松村人志
発行者　石澤雄司
発行所　㈱星和書店
　　　　〒168-0074　東京都杉並区上高井戸1-2-5
　　　　電話　03(3329)0031（営業部）／03(3329)0033（編集部）
　　　　FAX　03(5374)7186（営業部）／03(5374)7185（編集部）
　　　　http://www.seiwa-pb.co.jp
印刷・製本　株式会社　光邦

© 2010　下平（渡辺）美智代／松村人志／星和書店　　　ISBN978-4-7911-0729-2
Printed in Japan

- 本書に掲載する著作物の複製権・翻訳権・上映権・譲渡権・公衆送信権（送信可能化権を含む）は
  ㈱星和書店が保有します。
- JCOPY 〈（社）出版者著作権管理機構 委託出版物〉
  本書の無断複製は著作権法上での例外を除き禁じられています。複製される場合は，そのつど事前に
  （社）出版者著作権管理機構（電話 03-5244-5088, FAX 03-5244-5089, e-mail : info@jcopy.or.jp）
  の許諾を得てください。

DIEPSS（英語版）

A second-generation rating scale for antipsychotic-induced extrapyramidal symptoms: Drug-induced Extrapyramidal Symptoms Scale

稲田俊也 著

B5判
80p
3,800円+税

［増補改訂］
クオリティ・オブ・ライフ評価尺度
解説と利用の手引き

翻訳と解説：
宮田量治、藤井康男

B5判
104p
2,800円+税

HAM-D構造化面接 SIGH-D

中根允文、
J.B.W.Williams 著

A4判
32p
2,000円+税

「精神疾患における認知機能障害の矯正法」臨床家マニュアル 第2版

アリス・メダリア、他著
中込和幸 監修

B5判
196p
3,600円+税

発行：星和書店　http://www.seiwa-pb.co.jp